EN İYİ İNFÜZE KEFİR TARİF KİTABI

100 Sağlıklı, Şifalı ve Canlı Aromalı Kefir İçecekleri

Meryem Erdoğan

Telif Hakkı Malzemesi ©2023

Her hakkı saklıdır

Bu kitabın hiçbir bölümü, incelemede kullanılan kısa alıntılar dışında, yayıncının ve telif hakkı sahibinin uygun yazılı izni olmadan, hiçbir şekilde veya yöntemle kullanılamaz veya aktarılamaz. Bu kitap tıbbi, hukuki veya diğer profesyonel tavsiyelerin yerine geçmemelidir.

İÇİNDEKİLER

İÇİNDEKİLER 3
GİRİİŞ 6
TEMEL TARİFLER 7
  1. Hindistan Cevizi Kefiri 8
  2. Su Kefiri 10
  3. Süt Kefiri 12
  4. Vanilyalı Süt Kefiri 14
MEYVELİ KEFİR 16
  5. Litchi Hindistan cevizi kefiri 17
  6. Narenciye Kefiri 19
  7. Ahududu Keten Tohumlu Kefir 21
  8. Piña Colada Kefir 23
  9. Çilekli Muzlu Kefir 25
  10. Çilekli Limonlu Kefir 27
  11. Karpuzlu Slush Kefir 29
  12. Ahududu Kefir Limonatası 31
  13. Hindistan Cevizi Kefirinde Çilek 33
  14. Yaban Mersinli Nar Kefiri 35
  15. Ahududu Suyu Kefiri 37
  16. Üzüm Suyu Kefiri 39
  17. Portakal Kabuğu Su Kefiri 41
  18. Vişneli Vanilyalı Kefir 43
  19. Mürver Suyu Kefiri 45
  20. Yaban Mersini-Limonlu Kefir 47
  21. Mango-Ananas Kefiri 49
  22. Ahududu-Limon Kefiri 51
  23. Karpuz-Nane Kefiri 53
  24. Şeftali-Zencefilli Kefir 55
  25. Kiraz-Vanilyalı Kefir 57
  26. Kivi-Çilekli Kefir 59
  27. Elma-Tarçınlı Kefir 61
  28. Böğürtlen-Hindistan Cevizli Kefir 63
BAHARATLI KEFİR 65
  29. Kakaolu Baharatlı Süt Kefiri 66
  30. Kefir Yumurta Nogu 68
  31. Erik Tarçınlı Kefir 70
  32. Kızılcık Elma Baharatlı Su Kefiri 72
  33. Limonlu Zencefil Acı Su Kefiri 74
  34. Balkabağı Baharatlı Su Kefiri 76

35. Tatlı Akçaağaç Kefiri 78
36. Siyah Susamlı Süt Kefiri 80
37. Bal ve Baharatlı Kefir 82
38. Zerdeçal ve Zencefilli Kefir 84
39. Zerdeçal-Kakule Kefir 86
40. Tarçın-Vanilyalı Kefir 88
41. Zencefilli kurabiye kefiri 90
42. Chai Baharatlı Kefir 92
43. Balkabağı Baharatlı Kefir 94
44. Vanilya-Kakule Kefir 96
45. Küçük Hindistan Cevizi-Karanfil Kefir 98
46. Beş Baharatlı Kefir 100
47. Baharatlı Elma Kefiri 102
48. Nane-Mocha Kefir 104

SEBZE KEFİR 106
49. Havuç Kefiri 107
50. Ravent Biberiye Su Kefiri 109
51. Tatlı Patates Kefiri 111
52. Salatalık Kişniş Kefir 113
53. Salatalık-Nane Kefir 115
54. Havuç-Zencefil Kefir 117
55. Ispanaklı-Fesleğenli Kefir 119
56. Pancar-Elma Kefiri 121
57. Domates-Fesleğen Kefiri 123
58. Kale-Ananaslı Kefir 125
59. Dolmalık Biber-Kişniş Kefir 127
60. Kabak-Fesleğen Kefir 129
61. Tatlı Patates-Tarçınlı Kefir 131
62. Brokoli-Yeşil Elma Kefiri 133

ÇİÇEK KEFİRİ 135
63. Tatlı Lavanta Sütü Kefiri 136
64. Leylak Şeftali Kefiri 138
65. Yaban Mersini Limonlu Lavanta kefiri 140
66. Kelebek Bezelye Papatya Kefiri 142
67. Hibiscus Zencefilli Su Kefiri 144
68. Lavanta-Yaban Mersini Kefiri 146

OTLU KEFİR 148
69. Isırgan Yaprağı Su Kefiri 149
70. Buzlu Nane Kefir 151
71. Biberiye Kekik Kefir 153
72. Fesleğen Greyfurt Kefiri 155

73. Dereotu-Salatalık Kefir 157
74. Fesleğen-Limonlu Kefir 159
75. Biberiye-Sarımsak Kefir 161
76. Frenk Soğanı Kefiri 163
77. Maydanoz-Limon Kefiri 165
78. Kekik-Limonlu Kefir 167
79. Nane-Kireç Kefiri 169
80. Kişniş-Jalapeno Kefir 171
81. Adaçayı-Biberiye Kefiri 173
82. Tarhun-Fesleğen Kefir 175

CEVİZLİ KEFİR 177
83. Badem Ezmesi-Muz Kefir 178
84. Fıstık Ezmesi-Çikolata Kefir 180
85. Fındık-Kahve Kefiri 182
86. Kaju-Vanilyalı Kefir 184
87. Ceviz-Muzlu Ekmek Kefiri 186
88. Fıstıklı-Kakuleli Kefir 188
89. Hindistan Cevizi-Badem Kefiri 190
90. Macadamia-Berry Kefir 192
91. Cevizli-Kabak Baharatlı Kefir 194
92. Susam-Zencefil Kefir 196

KEFİR KOKTEYLİ 198
93. Rum Elmalı Zencefil Kefir Kokteyli 199
94. Hindistan Cevizli Tekila Kefir Kokteyli 201
95. Nane Çikolatalı Kefir Kokteyli 203
96. Kefir Cin Kokteyli 205
97. Mojito Kefir Kokteyli 207
98. Kiraz Çiçeği Kokteyli 209
99. Yuzu, Ube ve Kefir Kokteyli 211
100. Fesleğenli Jalapeno Kefir Kokteyli 213

ÇÖZÜM 215

GİRİİŞ

Kefir, yaşlanma sürecimizi yavaşlatan iyileştirici özelliklere sahip probiyotik bir içecektir. Meksika menşeli kefir taneleri kullanılarak yapılır. Bu taneler tahıl değil, fermantasyon sürecinde şekeri sindiren ve şampanyaya benzer gazlı, gazlı bir içecek elde eden bir ana kültürdür.

Bazı kefir çeşitleri süt ürünü gerektirse de ham su kefiri de mevcuttur. Sütlü yoğurttan farklı olarak kefir, otuza yakın bakteri ve maya türü içerir. Kültür, kefiran adı verilen bir polisakkarit, organik asitler, mayalar ve bakterilerden oluşan, "tahıllar" adı verilen küçük yarı saydam toplar halinde gelir. İdeal olarak, kurutulmuş veya dondurulmuş tahıllar yerine canlı tahıllar kullanmak istersiniz. Toz başlatıcılardan kaçınmaya çalışın; Bakteriler o kadar aktif değiller ve daha fazla başlangıç tozu satın almak zorunda kalmadan önce şanslıysanız yalnızca sekiz parti yapacaklar. Canlı tahılları yalnızca bir kez satın almanız gerekecek ve uygun şekilde bakıldığında süresiz olarak büyüyüp genişleyecekler.

TEMEL TARİFLER

1. **Hindistan cevizi kefiri**

İÇİNDEKİLER:
- 2 hindistancevizi
- 1 ila 2 yemek kaşığı su kefir tanesi

TALİMATLAR:

a) Hindistancevizlerinizi açın ve hindistancevizi suyunu plastik bir süzgeçten geçirerek büyük bir ölçüm kabına veya kaseye dökün. Daha sonra suyu büyük bir cam konserve veya cam kavanoza aktarın. Huni kullanmak işinizi kolaylaştıracaktır. Cam kavanozunuzu yalnızca dörtte üç ila beşte dörde kadar doldurun. NOT: Suyun temiz olduğundan emin olun; su pembeyse, kokuşmuş demektir.

b) Daha sonra kefir tanelerinizi Hindistan cevizi suyunun bulunduğu kavanoza ekleyin. Kapağı kapatın ve kavanozu 70° ila 74°F sıcaklıktaki bir yere yerleştirin. Soğuk iklimlerde kavanozunuzu sadece fırın ışığı açık olacak şekilde fırınınıza yerleştirebilirsiniz.

c) Suyunuz ne kadar uzun süre fermente olursa, tadı o kadar az tatlı, ekşi ve sirkemsi olur. Suyun rengi süt rengine dönecek. Demleme süresi 48 saati geçmemelidir. Minimum demleme süresi yoktur; süre ne kadar kısa olursa deminiz o kadar şekerli ve tatlı olur. İdeal olarak hindistancevizi suyunu 24 ila 48 saat arasında demlemek istersiniz. Şampanya gibi hafif gazlı olup olmadığını kontrol etmek ve arzu ettiğiniz şeker seviyesine ve lezzete ulaşmak için suyunuzun tadına 24 saatte bir bakabilirsiniz.

d) Demlemeniz bittiğinde, metal olmayan bir kaseye dökün ve taneleri plastik bir elek içinde toplayın.

e) Süzülmüş kefir suyunu başka bir cam kavanoza dökün ve hemen afiyetle yiyin. Buzdolabında saklayın.

f) Buzdolabınızda birkaç hafta saklayacak.

2. Su Kefiri

İÇİNDEKİLER:
- 2 su bardağı filtrelenmiş su
- ⅓ bardak organik turbinado şekeri
- 1 yemek kaşığı kuru üzüm
- ¼ bardak limon dilimleri, kabuğuyla birlikte
- 1 ila 2 yemek kaşığı su kefir tanesi

TALİMATLAR:
a) Suyu kapaklı bir cam kavanoza dökün. En üste kadar doldurmayın ve birkaç santim hava bıraktığınızdan emin olun. Kapağı kapalı olarak karıştırarak veya çalkalayarak şekeri suda eritin. Kuru üzümleri, limon dilimlerini ve kefir tanelerini ekleyin. Kapağı kapat.
b) Demlemek ve fermente etmek için kavanozu 24 ila 48 saat boyunca karanlık bir dolaba yerleştirin. Karışımı günde bir kez karıştırabilir veya 2 gün boyunca kendi haline bırakabilirsiniz. Hazır olduğunuzda, limonu ve kuru üzümleri üstten çıkarmak için plastik bir kaşık veya elek kullanın. Daha sonra hafifçe karıştırın ve tüm su kefir tanelerini yakalamak için suyu plastik bir süzgeçten geçirin.
c) Suyu bir cam kaba dökün ve buzdolabına koyun ve hemen tadını çıkarın; veya ikincil fermantasyon için bir veya iki gün daha oda sıcaklığında bırakın, ardından kavanozu buzdolabına koyun ve tadını çıkarın.
d) Bir ay veya daha uzun süre buzdolabında saklayacağız.
e) Hemen başka bir partiye başlamak için kefir su tanelerini kullanın.

3. Süt Kefiri

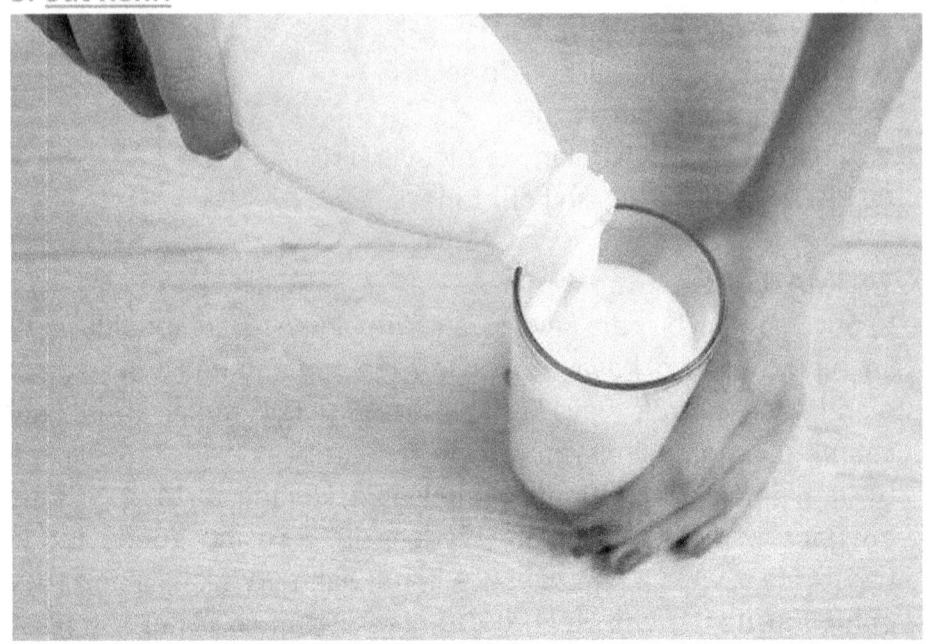

İÇİNDEKİLER:
- 1 yemek kaşığı kefir tanesi
- 4 su bardağı tam yağlı inek sütü

TALİMATLAR:
a) Kefir tanelerini ve 4 bardak tam yağlı sütü büyük bir cam sürahiye ekleyin.

b) Sürahiyi birkaç kat kağıt havluyla veya birkaç kağıt kahve filtresiyle örtün. Böcek veya tozun içeri girmesini önlemek için lastik bantla sabitleyin.

c) Yaklaşık 24 saat boyunca sıcak ve karanlık bir yere koyun.

d) İnce gözenekli metal olmayan bir kevgir altına geniş, metal olmayan bir kase yerleştirin. Bitmiş kefirinizi kefirin içine dökün, plastik veya tahta bir kaşıkla karıştırarak kefirin yavaşça geçmesini sağlayın. Tahıllar kalacak.

e) Tahılları fermente ettiğiniz büyük kavanozu durulayın ve ardından tahılları tekrar içine ekleyin. İşlemi başlatmak için 4 bardak taze süt ekleyin.

f) Geniş bir kapta toplanan bitmiş kefiri, ağzı kapalı bir kavanoza aktarın. Buzdolabında yaklaşık 2 hafta saklayın.

4. Vanilyalı Süt Kefiri

İÇİNDEKİLER:
- 2 su bardağı süt kefiri
- 1 çay kaşığı vanilya özü

TALİMATLAR:

a) Vanilyayı süt kefirine karıştırın.
b) Eğlence.

MEYVELİ KEFİR

5. Litchi hindistan cevizi kefiri

İÇİNDEKİLER:

- 2 bardak hindistan cevizi suyu
- 6 yemek kaşığı su kefir tanesi
- 5 adet taze soyulmuş veya konserve litchis
- Taze nar taneleri

TALİMATLAR:

a) 2 litrelik cam kavanoza 2 bardak hindistan cevizi suyu ekleyin.
b) 2 yemek kaşığı su kefir tanesi ekleyin.
c) Kavanozunuzu kahve filtresiyle veya elastikle sabitlenmiş bir bezle kapatın.
d) 48 saat bekletin, hindistancevizi suyu kefiri biraz gazlı ve biraz keskin bir tada sahip olacaktır.
e) 2 günlük fermantasyondan sonra 3 taze soyulmuş veya konserve liçinizi ekleyin ve 12-24 saat daha fermente edin.
f) Kefir boncuklarını çıkarmak için hindistan cevizi suyunu bir kasede süzün. Liçileri çıkarın. Kefir boncuklarınızı buzdolabında, filtrelenmiş su ve biraz şekerle birlikte hava geçirmez bir kavanozda saklayın.
g) Liçi hindistan cevizi suyu kefirinizi hava geçirmez bir şişeye aktarın ve buzdolabınızda saklayın. Birkaç hafta saklanacak.
h) Nar taneleri ve litchi ile soğutulmuş olarak servis yapın.

6. Narenciye Kefiri

İÇİNDEKİLER:
- 2 su bardağı süt kefiri
- 2 ila 4 yemek kaşığı narenciye suyu

TALİMATLAR:
a) Narenciye suyunu süt kefirine karıştırın ve servis yapın.

7. Ahududu Keten Tohumlu Kefir

İÇİNDEKİLER:
- 2 su bardağı süt kefiri
- 2 yemek kaşığı öğütülmüş keten tohumu
- ½ bardak ahududu
- Organik şeker kamışı

TALİMATLAR:
a) Malzemeleri bir karıştırıcıda birleştirin ve karıştırın.
b) İsterseniz tatlandırıcı ekleyin. Sert.

8. Piña Colada Kefir

İÇİNDEKİLER:
- 1 su bardağı süt kefiri
- ½ su bardağı hindistan cevizi kreması
- ½ bardak ananas suyu

TALİMATLAR:
a) Süt kefirini, hindistancevizi kremasını ve ananas suyunu karıştırıcıya yerleştirin.
b) Onları karıştırın.
c) Sert.

9. Çilekli Muzlu Kefir

İÇİNDEKİLER:
- 1 su bardağı süt kefiri
- 6 ila 8 çilek
- 1 muz
- 5 buz küpü

TALİMATLAR:
a) Yukarıda belirtilen malzemeleri blendera ekleyin ve karıştırın.
b) Sert.

10. Çilekli Limonlu Kefir

İÇİNDEKİLER:
- 1 su bardağı süt kefiri
- 2 yemek kaşığı limon suyu
- 5 çilek
- Organik şeker kamışı
- 5 buz küpü

TALİMATLAR:

a) Yukarıda saydığımız tüm malzemeleri blendera ekleyin ve karıştırın.

b) Şeker ekle.

11. Karpuzlu Slush Kefir

İÇİNDEKİLER:
- 1 su bardağı süt kefiri
- 2 su bardağı çekirdeksiz karpuz, doğranmış
- 10 buz küpü

TALİMATLAR:
a) Yukarıda saydığımız malzemeleri blendera ekleyin ve hepsini karıştırın.
b) Sert.

12. Ahududu Kefir Limonatası

İÇİNDEKİLER:

- ½ bardak taze veya çözülmüş dondurulmuş ahududu
- ⅔ bardak taze sıkılmış limon suyu
- ½ bardak agav şurubu
- 3 su bardağı kefir

TALİMATLAR:

a) Tüm malzemeleri yüksek hızlı bir karıştırıcıya yerleştirin ve pürüzsüz hale gelinceye kadar karıştırın.

b) Plastik bir süzgeçten geçirerek sürahiye boşaltın. Buz üzerinde servis yapın.

c) 2 gün buzdolabında bekleteceğiz.

13. Hindistan Cevizli Kefirde Çilek

İÇİNDEKİLER:
- 1 su bardağı taze çilek
- 4 bardak hindistan cevizi kefiri, soğutulmuş

TALİMATLAR:

a) Çilekleri ve kefiri dört bardağa paylaştırın.

b) Servis yapmadan önce kefirdeki çilekleri çatalla ezin ve karıştırın.

14. Yaban Mersinli Nar Kefiri

İÇİNDEKİLER:
- 1 litre su kefiri
- ½ bardak yaban mersini-nar suyu

TALİMATLAR:
a) Su kefiri yapın ve kefir tanelerini çıkarın.
b) Her litre su kefirine ½ bardak yaban mersini-nar suyu ekleyin.
c) Soğuk servis yapın.

15. Ahududu Suyu Kefiri

İÇİNDEKİLER:
- Kefir taneleri
- 1-2 litre organik ahududu suyu

TALİMATLAR:

a) 1-2 litre organik ahududu suyuna kefir taneleri ekleyin.
b) Kültür 24-48 saat.

16. Üzüm Suyu Kefiri

İÇİNDEKİLER:
- Kefir taneleri
- 1-2 litre organik üzüm suyu

TALİMATLAR:
a) Kefir tanelerini 1-2 litre organik üzüm veya elma suyuna ekleyin.
b) 24-48 saat kültür.

17. Portakal Kabuğu Su Kefiri

İÇİNDEKİLER:
- Kefir taneleri
- organik portakal kabuğu rendesi şeritleri
- 1-2 litre şekerli su

TALİMATLAR:
a) Kefir tanelerini ve birkaç dilim organik portakal kabuğu rendesini standart bir miktar şekerli suya ekleyin.
b) Kültür 24-48 saat.
c) Portakal kabuğu rendesini çıkarın ve atın.
d) Kefir tanelerini çıkarın ve bitmiş su kefirini soğuk olarak servis edin.

18. Vişneli Vanilyalı Kefir

İÇİNDEKİLER:

- 4 su bardağı ilk mayalama
- ¼ bardak vişne suyu
- ½ çay kaşığı vanilya

TALİMATLAR:

a) İlk mayalamayı yapın ve kavanozu 24-48 saat ılık bir yerde bırakın.

b) Tahılları süzün ve malzemeleri birinci fermente su kefiriyle birlikte döner kapaklı şişeye ekleyin.

c) Döner kapaklı şişeyi kapatın ve ikinci mayalama için 24 saat ılık bir yerde bırakın.

d) Yavaşça açın, süzün ve tadını çıkarın!

19. Mürver Suyu Kefiri

İÇİNDEKİLER:
- 1 litre su kefiri
- 1 Yemek kaşığı kurutulmuş mürver

TALİMATLAR:

a) İlk mayalanmanın ardından kefiri temiz bir kavanoza dökün ve mürver ekleyin.

b) Hava geçirmez bir kapakla örtün ve en az 24 saat tekrar mayalanması için karanlık bir yere koyun.

c) Buzdolabına koyun.

20. Yaban Mersinli-Limonlu Kefir

İÇİNDEKİLER:

1 bardak kefir
1/2 bardak yaban mersini
1 limon kabuğu rendesi ve
1 çay kaşığı akçaağaç şurubu (isteğe bağlı)

TALİMATLAR:

Bir karıştırıcıda kefir, yaban mersini, limon kabuğu rendesi ve akçaağaç şurubunu (istenirse) birleştirin.

İyice birleşene kadar karıştırın.

Bir bardağa dökün ve soğuk olarak servis yapın.

21. Mango-Ananas Kefiri

İÇİNDEKİLER:

1 bardak kefir
1/2 bardak taze mango, doğranmış
1/2 bardak taze ananas, doğranmış

TALİMATLAR:

Bir karıştırıcıda kefir, mango ve ananası birleştirin.

Pürüzsüz ve kremsi olana kadar karıştırın.

Bir bardağa dökün ve soğuk olarak servis yapın.

22. Ahududu-Limon Kefiri

İÇİNDEKİLER:

1 bardak kefir
1/2 bardak ahududu
1 misket limonunun suyu
1 çay kaşığı agave şurubu (isteğe bağlı)

TALİMATLAR:

Bir karıştırıcıda kefir, ahududu, limon suyu ve agav şurubunu (istenirse) birleştirin.

İyice birleşene kadar karıştırın.

Bir bardağa dökün ve soğuk olarak servis yapın.

23. Karpuz-Nane Kefir

İÇİNDEKİLER:

1 bardak kefir
1/2 su bardağı taze karpuz, küp şeklinde
1 yemek kaşığı taze nane yaprağı, doğranmış

TALİMATLAR:

Bir karıştırıcıda kefir, karpuz ve nane yapraklarını birleştirin.

Pürüzsüz ve kremsi olana kadar karıştırın.

Bir bardağa dökün ve soğuk olarak servis yapın.

24. Şeftali-Zencefilli Kefir

İÇİNDEKİLER:

1 bardak kefir
1/2 su bardağı taze şeftali, dilimlenmiş
1 çay kaşığı rendelenmiş zencefil
1 çay kaşığı bal (isteğe bağlı)

TALİMATLAR:

Bir karıştırıcıda kefir, şeftali, zencefil ve balı (istenirse) birleştirin.

İyice birleşene kadar karıştırın.

Bir bardağa dökün ve soğuk olarak servis yapın.

25. Kiraz-Vanilyalı Kefir

İÇİNDEKİLER:

1 bardak kefir
1/2 bardak kiraz, çekirdekleri çıkarılmış
1/2 çay kaşığı vanilya özü

TALİMATLAR:

Bir karıştırıcıda kefir, kiraz ve vanilya özünü birleştirin.

Pürüzsüz ve kremsi olana kadar karıştırın.

Bir bardağa dökün ve soğuk olarak servis yapın.

26. Kivi-Çilekli Kefir

İÇİNDEKİLER:

1 bardak kefir
1 kivi, soyulmuş ve dilimlenmiş
1/2 bardak çilek, dilimlenmiş
1 çay kaşığı bal (isteğe bağlı)
TALİMATLAR:

Bir karıştırıcıda kefir, kivi, çilek ve balı (istenirse) birleştirin.

İyice birleşene kadar karıştırın.

Bir bardağa dökün ve soğuk olarak servis yapın.

27. Elma-Tarçınlı Kefir

İÇİNDEKİLER:

1 bardak kefir
1/2 bardak elma, doğranmış
1/2 çay kaşığı öğütülmüş tarçın
1 çay kaşığı akçaağaç şurubu (isteğe bağlı)

TALİMATLAR:

Bir karıştırıcıda kefir, elma, tarçın ve akçaağaç şurubunu (istenirse) birleştirin.

Pürüzsüz ve kremsi olana kadar karıştırın.

Bir bardağa dökün ve soğuk olarak servis yapın.

28. Böğürtlen-Hindistan Cevizli Kefir

İÇİNDEKİLER:

1 bardak kefir
1/2 bardak böğürtlen
2 yemek kaşığı hindistan cevizi gevreği
1 çay kaşığı agave şurubu (isteğe bağlı)

TALİMATLAR:

Bir karıştırıcıda kefir, böğürtlen, hindistan cevizi gevreği ve agav şurubunu (istenirse) birleştirin.
İyice birleşene kadar karıştırın.
Bir bardağa dökün ve soğuk olarak servis yapın.

BAHARATLI KEFİR

29. Kakaolu Baharatlı Süt Kefiri

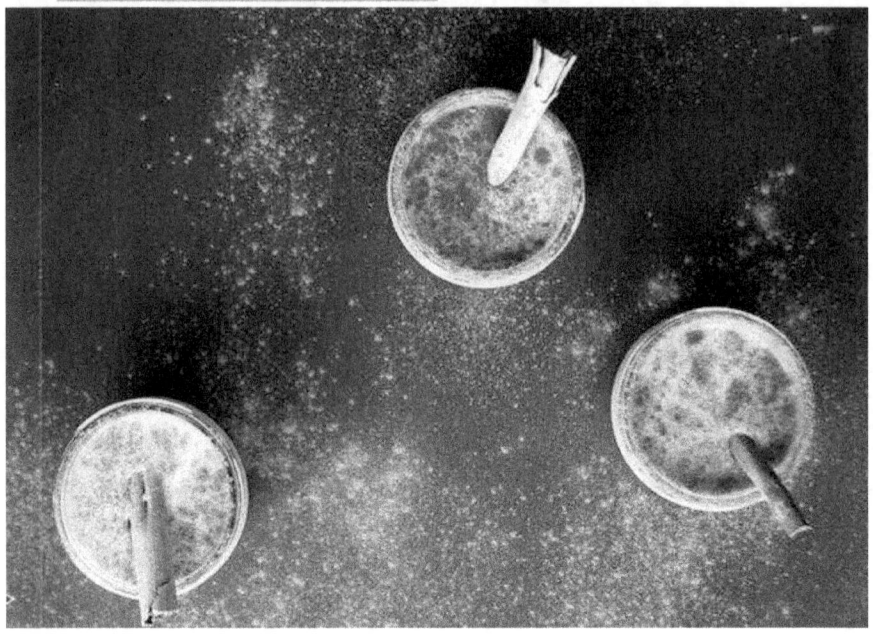

İÇİNDEKİLER:
- 4 su bardağı süt kefiri
- 5 yemek kaşığı kakao tozu
- 2 karanfil
- 2 yemek kaşığı öğütülmüş tarçın
- ¼ yemek kaşığı hindistan cevizi
- Organik şeker kamışı veya stevia

TALİMATLAR:
a) Kefirin oda sıcaklığında 24 saat mayalanmasını sağlayarak geleneksel süt kefiri yapın.

b) Kefir tanelerini süzüp taze süte aktarın.

c) Kakao tozu, karanfil, tarçın ve hindistan cevizini ekleyip kefirin içine karıştırın.

d) Kefirin üzerine bir kapak kapatın ve 12 ila 24 saat daha mayalanmasını bekleyin.

e) Tatlandırıcı ekleyin.

30. Kefir Yumurta Nogu

İÇİNDEKİLER:

- 4 bardak geleneksel kefir
- 2 yumurta
- 2 ila 3 yemek kaşığı organik şeker kamışı
- ½ çay kaşığı tarçın
- ½ çay kaşığı hindistan cevizi

TALİMATLAR:

a) Kefir, yumurta, şeker, tarçın ve hindistan cevizini bir karıştırıcıda birleştirin ve pürüzsüz hale gelinceye kadar çalıştırın.

b) Dökerken her bardağın üzerine tarçınla karıştırılmış bir miktar hindistan cevizi serpin.

31. Erikli Tarçınlı Kefir

İÇİNDEKİLER:

- ½ su bardağı doğranmış erik
- 1 tarçın çubuğu
- 4 su bardağı ilk fermente su kefiri

TALİMATLAR:

a) İlk mayalamayı yapın ve kavanozu 24-48 saat ılık bir yerde bırakın.

b) Döner kapaklı kavanoza doğranmış erikleri ekleyin ve ardından tarçını ekleyin.

c) Tahılları süzün ve ilk mayalamayı tarçın ve erik ile birlikte şişeye ekleyin.

d) Döner kapaklı şişeyi kapatın ve ikinci mayalanma için 24 saat ılık bir yerde bırakın.

e) İyice soğuyuncaya kadar buzdolabında bekletin.

32. Kızılcık Elma Baharatlı Su Kefiri

İÇİNDEKİLER:

- ¼ her elma ve kızılcık suyu
- ⅛ çay kaşığı öğütülmüş karanfil
- ⅛ çay kaşığı tarçın
- 4 su bardağı ilk mayadan

TALİMATLAR:

a) İlk mayalamayı yapın ve kavanozu 24-48 saat ılık bir yerde bırakın.

b) Tahılları süzün ve ilk mayayı döner kapaklı şişeye dökün.

c) Kızılcık ve elma suyunu ve baharatları ekleyin.

d) Şişeyi kapatın ve malzemelerin iyice karıştığından emin olmak için 2 veya 3 kez yavaşça baş aşağı çevirin.

e) İkinci mayalama için şişeyi 24 saat ılık bir yerde bırakın.

f) İyice soğuyuncaya kadar buzdolabında bekletin.

33. Limonlu Zencefil Acı Su Kefiri

İÇİNDEKİLER:

- 4 su bardağı ilk mayalama
- ¼ bardak limon suyu
- 5-10 küp şekerlenmiş veya taze zencefil
- Bir tutam acı biber
- Bir tutam taze melisa veya nane

TALİMATLAR:

a) İlk mayalamayı yapın ve kavanozu 24-48 saat ılık bir yerde bırakın.

b) Tahılları süzün ve su kefirini döner kapaklı şişeye dökün. Aroma verici malzemeleri ekleyin.

c) Döner kapaklı şişeyi kapatın ve ikinci mayalama için 24 saat ılık bir yerde bırakın.

d) Yavaşça açın, süzün ve tadını çıkarın!

34. Balkabağı Baharatlı Su Kefiri

İÇİNDEKİLER:

- 4 su bardağı ilk fermente su kefiri
- ¼ bardak kabak püresi
- ½ çay kaşığı saf vanilya özü
- ½ çay kaşığı yenibahar
- ¼ çay kaşığı tarçın
- ¼ çay kaşığı hindistan cevizi
- ¼ çay kaşığı karanfil

TALİMATLAR:

a) İlk mayalamayı yapın ve kavanozu 48 saat ılık bir yerde bırakın.

b) Kabak püresini, vanilyayı ve baharatları bir kapta karıştırıp, ilk mayadan yarım su bardağını karışıma ekleyin.

c) Karışımı döner kapaklı şişeye dökün, dökmeyi kolaylaştırmak için daha fazla ilk maya ekleyin.

d) Tahılları süzün ve kalan ilk fermenti şişeye dökün.

e) İkinci mayalama için şişenin ağzını kapatıp 24 saat ılık bir yerde bekletin.

35. Tatlı Akçaağaç Kefiri

İÇİNDEKİLER:
- 2 bardak geleneksel süt kefiri
- Organik akçaağaç şurubu

TALİMATLAR:
a) Akçaağaç şurubunu süt kefirine karıştırın.
b) Tadına bakın ve yeterince tatlı değilse daha fazla şurup ekleyin.

36. Siyah Susamlı Süt Kefiri

İÇİNDEKİLER:

- 750 ml süt kefiri
- 3 tepeleme yemek kaşığı siyah susam
- 1 Yemek kaşığı Hindistan cevizi şekeri
- ½ Çay kaşığı vanilya

TALİMATLAR:

a) Tüm malzemeleri çalkalayıcınıza veya karıştırıcınıza atın.
b) Oldukça soğuk ve donmuş olmasını istiyorsanız buz ekleyin.
c) Tahinin iyice karıştığından emin olarak kuvvetlice karıştırın.
d) Tatlılığı veya tadı kontrol etmek için tadın ve gerektiğinde ayarlayın.
e) Servis için buzlu kalıp veya bardaklarınıza dökün.

37. Bal ve Baharatlı Kefir

İÇİNDEKİLER:
- 1½ su bardağı Sade Kefir
- 2 çay kaşığı çiğ bal
- 2 yemek kaşığı rendelenmiş taze zencefil
- ½ çay kaşığı tarçın + garnitür için daha fazlası
- Gerektiği kadar buz

TALİMATLAR:

a) Tüm malzemeleri yüksek güçlü bir blenderin sürahisinde birleştirdi.

b) İstenilen kıvamı elde etmek için gerektiği kadar daha fazla kefir ve buz ekleyerek pürüzsüz hale gelinceye kadar yüksek hızda karıştırın.

c) Servis yapmadan önce üzerine tarçın serpin.

38. Zerdeçal ve Zencefilli Kefir

İÇİNDEKİLER:
- 1 bardak kefir
- 1 çay kaşığı öğütülmüş zerdeçal
- 1 çay kaşığı rendelenmiş taze zencefil
- ½ çay kaşığı öğütülmüş tarçın
- 2 çay kaşığı bal

TALİMATLAR:
a) Karıştırın ve keyfini çıkarın.

39. Zerdeçal-Kakule Kefir

İÇİNDEKİLER:

1 bardak kefir
1/2 çay kaşığı öğütülmüş zerdeçal
1/4 çay kaşığı öğütülmüş kakule
1 çay kaşığı bal (isteğe bağlı)
TALİMATLAR:

Bir bardakta kefir, zerdeçal, kakule ve balı (istenirse) birleştirin.

Baharatlar kefire tamamen karışıncaya kadar iyice karıştırın.

Soğutulmuş hizmet.

40. Tarçın-Vanilyalı Kefir

İÇİNDEKİLER:

1 bardak kefir
1/2 çay kaşığı öğütülmüş tarçın
1/2 çay kaşığı vanilya özü
1 çay kaşığı akçaağaç şurubu (isteğe bağlı)
TALİMATLAR:

Bir bardakta kefir, tarçın, vanilya özü ve akçaağaç şurubunu (istenirse) birleştirin.

Baharatların eşit şekilde dağılması için iyice karıştırın.

Soğutulmuş hizmet.

41. Zencefilli kurabiye kefiri

İÇİNDEKİLER:

1 bardak kefir
1/2 çay kaşığı öğütülmüş zencefil
1/4 çay kaşığı öğütülmüş tarçın
1/4 çay kaşığı öğütülmüş hindistan cevizi
1/4 çay kaşığı öğütülmüş karanfil
1 çay kaşığı pekmez (isteğe bağlı)

TALİMATLAR:

Bir bardakta kefir, zencefil, tarçın, hindistan cevizi, karanfil ve pekmezi (istenirse) birleştirin.

Baharatlar kefire tamamen karışıncaya kadar kuvvetlice karıştırın.

Soğutulmuş hizmet.

42. Chai Baharatlı Kefir

İÇİNDEKİLER:

1 bardak kefir
1/2 çay kaşığı öğütülmüş tarçın
1/4 çay kaşığı öğütülmüş kakule
1/4 çay kaşığı öğütülmüş zencefil
1/8 çay kaşığı öğütülmüş karanfil
1/8 çay kaşığı öğütülmüş hindistan cevizi
1 çay kaşığı bal (isteğe bağlı)

TALİMATLAR:

Bir bardakta kefir, tarçın, kakule, zencefil, karanfil, hindistan cevizi ve balı (istenirse) birleştirin.

Baharatların kefire iyice karışmasını sağlamak için iyice karıştırın.

Soğutulmuş hizmet.

43. Kabak Baharatlı Kefir

İÇİNDEKİLER:

1 bardak kefir
2 yemek kaşığı kabak püresi
1/2 çay kaşığı öğütülmüş tarçın
1/4 çay kaşığı öğütülmüş zencefil
1/8 çay kaşığı öğütülmüş hindistan cevizi
1/8 çay kaşığı öğütülmüş karanfil
1 çay kaşığı akçaağaç şurubu (isteğe bağlı)
TALİMATLAR:

Bir bardakta kefir, kabak püresi, tarçın, zencefil, hindistan cevizi, karanfil ve akçaağaç şurubunu (istenirse) birleştirin.

Malzemeler iyice karışana kadar kuvvetlice karıştırın.

Soğutulmuş hizmet.

44. Vanilya-Kakule Kefir

İÇİNDEKİLER:

1 bardak kefir
1/2 çay kaşığı vanilya özü
1/4 çay kaşığı öğütülmüş kakule
1 çay kaşığı bal (isteğe bağlı)
TALİMATLAR:

Bir bardakta kefir, vanilya özü, kakule ve balı (istenirse) birleştirin.

Baharatların eşit şekilde dağılması için iyice karıştırın.

Soğutulmuş hizmet.

45. Küçük Hindistan Cevizi-Karanfil Kefir

İÇİNDEKİLER:

1 bardak kefir
1/2 çay kaşığı öğütülmüş hindistan cevizi
1/4 çay kaşığı öğütülmüş karanfil
1 çay kaşığı bal (isteğe bağlı)
TALİMATLAR:

Bir bardakta kefir, hindistan cevizi, karanfil ve balı (istenirse) birleştirin.

Baharatları dahil etmek için iyice karıştırın.

Soğutulmuş hizmet.

46. Beş Baharatlı Kefir

İÇİNDEKİLER:

1 bardak kefir
1/4 çay kaşığı öğütülmüş tarçın
1/4 çay kaşığı öğütülmüş karanfil
1/4 çay kaşığı öğütülmüş rezene tohumu
1/4 çay kaşığı öğütülmüş yıldız anason
1/4 çay kaşığı öğütülmüş Szechuan karabiberi
1 çay kaşığı bal (isteğe bağlı)
TALİMATLAR:

Bir bardakta kefir, tarçın, karanfil, rezene tohumu, yıldız anason, Szechuan biberi ve balı (istenirse) birleştirin.

Tüm baharatlar iyice karışana kadar iyice karıştırın.

Soğutulmuş hizmet.

47. Baharatlı Elma Kefiri

İÇİNDEKİLER:

1 bardak kefir
1/4 su bardağı elma suyu
1/4 çay kaşığı öğütülmüş tarçın
1/4 çay kaşığı öğütülmüş zencefil
1/4 çay kaşığı öğütülmüş hindistan cevizi
1 çay kaşığı bal (isteğe bağlı)

TALİMATLAR:

Bir bardakta kefir, elma suyu, tarçın, zencefil, hindistan cevizi ve balı (istenirse) birleştirin.

Tüm tatların birleşmesi için iyice karıştırın.

Soğutulmuş hizmet.

48. Nane-Mocha Kefir

İÇİNDEKİLER:
- 1 bardak kefir
- 1/2 çay kaşığı kakao tozu
- 1/4 çay kaşığı nane özü
- 1 çay kaşığı bal (isteğe bağlı)

TALİMATLAR:
Bir bardakta kefir, kakao tozu, nane özü ve balı (istenirse) birleştirin.
Kakao tozu kefire tamamen karışıncaya kadar iyice karıştırın.
Soğutulmuş hizmet.

SEBZE KEFİR

49. Havuç Kefiri

İÇİNDEKİLER:

- 2 su bardağı süt kefiri
- ½ su bardağı havuç suyu
- ½ su bardağı rendelenmiş havuç
- 1 çay kaşığı vanilya özü
- Tatlandırıcı
- Fermantasyon kabı

TALİMATLAR:

a) Geleneksel süt kefiri yapın. İlk mayalanma 12 ila 24 saat sürmelidir. Fermantasyon kabına diğer bileşenlerden herhangi birini eklemeden önce kefir tanelerini süzün.

b) Süt kefirini mayalama kabına yerleştirin ve kaba havuç, havuç suyu ve vanilyayı ekleyin.

c) Kapağı veya kapağı kabın üzerine yerleştirin ve 12 saat daha mayalanmasına izin verin.

d) Servis yapmadan hemen önce kefiri blendera koyun ve her şeyi karıştırın. Tatlandırıcı ekleyin.

50. Ravent Biberiye Su Kefiri

İÇİNDEKİLER:

- 4 su bardağı ilk mayalama
- 1 su bardağı ince kıyılmış ravent sapı
- 1 yemek kaşığı taze biberiye

TALİMATLAR:

a) İlk mayalamayı yapın ve kavanozu 24-48 saat ılık bir yerde bırakın.

b) Tahılları süzün ve tüm malzemeleri ilk fermente su kefiriyle birlikte döner kapaklı şişeye ekleyin.

c) Döner kapaklı şişeyi kapatın ve ikinci mayalama için 24 saat ılık bir yerde bırakın.

d) Yavaşça açın, süzün ve tadını çıkarın!

51. Tatlı Patates Kefiri

İÇİNDEKİLER:

- 1 ¼ su bardağı kabak püresi
- 2 su bardağı sade kefir
- ¼ bardak kenevir tohumu veya keten tohumu
- 2 çay kaşığı tarçın
- ½ çay kaşığı hindistan cevizi
- 2 bardak buz
- 2 yemek kaşığı akçaağaç şurubu

TALİMATLAR:

a) Tatlı patatesinizi yıkayın ve çatalla delikler açın. Plastik ambalaja sarın ve buharlanıp yumuşayana kadar 6-7 dakika mikrodalgada tutun.

b) Tatlı patates buharda pişerken diğer tüm malzemelerinizi blenderınıza ekleyin. Tatlı patatesi mikrodalgadan çıkarın, paketini açın ve birkaç dakika bekletin, böylece blenderınızdaki buz hemen erimez.

c) Patates biraz soğuduktan sonra blenderınıza ekleyin ve kremalı tatlı patates kefiriniz hazır olana kadar 60 saniye karıştırın!

52. Salatalık Kişniş Kefir

İÇİNDEKİLER:
- 4 su bardağı ilk mayalama
- ⅛ bardak karpuz parçaları
- ⅛ bardak ince doğranmış salatalık
- 1 yemek kaşığı taze doğranmış kişniş

TALİMATLAR:
a) İlk mayalamayı yapın ve kavanozu 24-48 saat ılık bir yerde bırakın.

b) Tahılları süzün ve malzemeleri birinci fermente su kefiriyle birlikte döner kapaklı şişeye ekleyin.

c) Döner kapaklı şişeyi kapatın ve ikinci mayalama için 24 saat ılık bir yerde bırakın.

d) Yavaşça açın, süzün ve tadını çıkarın!

53. Salatalık-Nane Kefir

İÇİNDEKİLER:

1 bardak kefir
1/2 salatalık, soyulmuş ve doğranmış
1 yemek kaşığı taze nane yaprağı, doğranmış
Tatmak için biber ve tuz

TALİMATLAR:

Bir karıştırıcıda kefir, salatalık, nane yaprağı, tuz ve karabiberi birleştirin.

Pürüzsüz ve kremsi olana kadar karıştırın.

Bir bardağa dökün ve soğuk olarak servis yapın.

54. Havuç-Zencefil Kefir

İÇİNDEKİLER:

1 bardak kefir
1/2 bardak havuç, rendelenmiş
1 çay kaşığı rendelenmiş zencefil
1/2 limon suyu
Tatmak için tuz

TALİMATLAR:

Bir karıştırıcıda kefir, rendelenmiş havuç, zencefil, limon suyu ve tuzu birleştirin.

İyice birleşene kadar karıştırın.

Bir bardağa dökün ve soğuk olarak servis yapın.

55. Ispanaklı-Fesleğenli Kefir

İÇİNDEKİLER:

1 bardak kefir
1/2 su bardağı taze ıspanak yaprağı
1/4 su bardağı taze fesleğen yaprağı
1/2 limon suyu
Tatmak için biber ve tuz

TALİMATLAR:

Bir karıştırıcıda kefir, ıspanak yaprakları, fesleğen yaprakları, limon suyu, tuz ve karabiberi birleştirin.

Pürüzsüz ve kremsi olana kadar karıştırın.

Bir bardağa dökün ve soğuk olarak servis yapın.

56. Pancar-Elma Kefiri

İÇİNDEKİLER:

1 bardak kefir
1/2 su bardağı pişmiş pancar, doğranmış
1/2 elma, doğranmış
1 çay kaşığı bal (isteğe bağlı)
Bir tutam tarçın
TALİMATLAR:

Bir karıştırıcıda kefir, pişmiş pancar, elma, bal (istenirse) ve tarçını birleştirin.

İyice birleşene kadar karıştırın.

Bir bardağa dökün ve soğuk olarak servis yapın.

57. Domates-Fesleğen Kefir

İÇİNDEKİLER:

1 bardak kefir
1/2 bardak taze domates, doğranmış
1/4 su bardağı taze fesleğen yaprağı
1 diş sarımsak, kıyılmış
Tatmak için biber ve tuz

TALİMATLAR:

Bir karıştırıcıda kefir, domates, fesleğen yaprağı, kıyılmış sarımsak, tuz ve karabiberi birleştirin.

Pürüzsüz ve kremsi olana kadar karıştırın.

Bir bardağa dökün ve soğuk olarak servis yapın.

58. Kale-Ananaslı Kefir

İÇİNDEKİLER:

1 bardak kefir
1/2 bardak lahana yaprağı, sapları çıkarılmış
1/2 bardak taze ananas, doğranmış
1 çay kaşığı bal (isteğe bağlı)

TALİMATLAR:

Bir karıştırıcıda kefir, lahana yaprakları, ananas ve balı (istenirse) birleştirin.

İyice birleşene kadar karıştırın.

Bir bardağa dökün ve soğuk olarak servis yapın.

59. Dolmalık Biber-Kişniş Kefir

İÇİNDEKİLER:

1 bardak kefir
1/2 bardak dolmalık biber (kırmızı, sarı veya turuncu), doğranmış
2 yemek kaşığı taze kişniş yaprağı
1/2 jalapeno biberi, tohumları çıkarılmış (isteğe bağlı)
Tatmak için biber ve tuz

TALİMATLAR:

Bir karıştırıcıda kefir, dolmalık biber, kişniş yaprağı, jalapeno biberi (istenirse), tuz ve karabiberi birleştirin.

Pürüzsüz ve kremsi olana kadar karıştırın.

Bir bardağa dökün ve soğuk olarak servis yapın.

60. Kabak-Fesleğen Kefir

İÇİNDEKİLER:

1 bardak kefir
1/2 bardak kabak, doğranmış
1/4 su bardağı taze fesleğen yaprağı
1/2 limon suyu
Tatmak için biber ve tuz

TALİMATLAR:

Bir karıştırıcıda kefir, kabak, fesleğen yaprağı, limon suyu, tuz ve karabiberi birleştirin.

İyice birleşene kadar karıştırın.

Bir bardağa dökün ve soğuk olarak servis yapın.

61. Tatlı Patates-Tarçınlı Kefir

İÇİNDEKİLER:

1 bardak kefir
1/2 su bardağı pişmiş tatlı patates, püresi
1/2 çay kaşığı öğütülmüş tarçın
1 çay kaşığı bal (isteğe bağlı)

TALİMATLAR:

Bir karıştırıcıda kefir, pişmiş tatlı patates, tarçın ve balı (istenirse) birleştirin.

Pürüzsüz ve kremsi olana kadar karıştırın.

Bir bardağa dökün ve soğuk olarak servis yapın.

62. Brokoli-Yeşil Elma Kefiri

İÇİNDEKİLER:

1 bardak kefir
1/2 bardak buğulanmış brokoli çiçeği
1/2 yeşil elma, doğranmış
1/2 limon suyu
Tatmak için biber ve tuz

TALİMATLAR:

Bir karıştırıcıda kefir, buharda pişirilmiş brokoli çiçeği, yeşil elma, limon suyu, tuz ve karabiberi birleştirin.
İyice birleşene kadar karıştırın.
Bir bardağa dökün ve soğuk olarak servis yapın.

ÇİÇEK KEFİRİ

63. Tatlı Lavanta Sütlü Kefir

İÇİNDEKİLER:

- 4 su bardağı süt kefiri
- 2 yemek kaşığı kurutulmuş lavanta çiçeği başları
- Organik şeker kamışı veya stevia

TALİMATLAR:

a) Kefirin oda sıcaklığında 24 saat mayalanmasını sağlayarak geleneksel süt kefiri yapın.

b) Kefir tanelerini süzüp taze süte aktarın.

c) Lavanta çiçeği başlarını süt kefirine karıştırın. Kefir taneleri hala kefirin içindeyken çiçek başlarını eklemeyin.

d) Kapağı kefirin üzerine yerleştirin ve gece boyunca oda sıcaklığında bekletin. İkinci mayalanma 12 ila 24 saat sürmelidir.

e) Çiçek başlarından kurtulmak için kefiri süzün.

f) Şeker kamışı veya stevia ekleyin. Tatlandırıcıyı kefirin içine karıştırın.

64. Leylak Şeftali Kefiri

İÇİNDEKİLER:

- 4 su bardağı ilk fermente su kefiri
- ½ bardak leylak basit şurubu
- 1 yemek kaşığı limon suyu
- ¼ bardak şeftali parçaları taze veya dondurulmuş

BASİT ŞURUP İÇİN:

- 2 su bardağı taze leylak çiçeği
- 2 yemek kaşığı şeker kamışı
- ½ bardak su

TALİMATLAR:

a) İlk mayalamayı yapın ve kavanozu ılık bir yerde 24-48 saat bekletin.

b) Basit şurup için: Daldan leylak çiçeklerini çıkarın ve bir kevgir veya salata döndürücüde soğuk suyla durulayın. Bir tencerede 2 yemek kaşığı şeker kamışı, ½ su bardağı su ile orta ateşte eritilir. Şeker eriyip sıvı kaynamaya başlayınca ocaktan alın.

c) Sıvının kaynamasının durduğundan emin olun ve şekerli suya leylak yaprakları ekleyin. Yaprakların sıvıya batmasını sağlamak için karıştırın, kapağını kapatın ve soğuması için 1-2 saat bekletin.

d) Döner kapaklı şişedeki leylak basit şurubu 750 mL'lik döner kapaklı şişenize süzün. Limon suyunu ve şeftalileri ekleyip ilk mayalamayı ekleyin.

e) Döner kapaklı şişeyi kapatın ve ikinci mayalama için 24 saat ılık bir yerde bırakın.

f) Yavaşça açın, süzün ve tadını çıkarın!

65. Yaban Mersini Limon Lavanta kefiri

İÇİNDEKİLER:

- 4 su bardağı ilk mayadan
- 10 adet taze veya dondurulmuş yaban mersini, tercihen organik
- ¼ bardak limon suyu
- ¼ çay kaşığı mutfak lavantası

TALİMATLAR:

a) İlk mayalamayı yapın ve kavanozu 24-48 saat ılık bir yerde bırakın.
b) Döner kapaklı temiz bir şişeye limon suyu ve mutfak lavantasını ekleyin.
c) Yaban mersini şişeye birer birer ekleyin, meyve suyunun akmasını sağlamak için meyveleri hafifçe sıkın.
d) Tahılları süzün ve ilk fermenti limon suyu, lavanta ve yaban mersini içeren şişeye ekleyin.
e) Döner kapaklı şişeyi kapatın ve ikinci mayalama için 24 saat ılık bir yerde bırakın.
f) İyice soğuyuncaya kadar buzdolabında bekletin.
g) Yavaşça açın, süzün ve tadını çıkarın!

66. Kelebek Bezelye Papatya Kefiri

İÇİNDEKİLER:

- 2 çay kaşığı bezelye çiçeği çayı tozu
- 8 adet şekerlenmiş zencefil
- 3 dal taze nane, morarmış
- 1 çay kaşığı kurutulmuş papatya çiçeği

TALİMATLAR:

a) İlk mayalamayı yapın ve kavanozu 24-48 saat ılık bir yerde bırakın.

b) Tahılları süzün ve malzemeleri ilk fermente su kefiriyle birlikte yeşil döner kapaklı şişeye ekleyin.

c) Döner kapaklı şişeyi kapatın ve ikinci mayalama için 24 saat ılık bir yerde bırakın.

d) Yavaşça açın, süzün ve tadını çıkarın!

67. Hibiscus Zencefilli Su Kefiri

İÇİNDEKİLER:

- 4 su bardağı ilk mayalama
- 20 adet kurutulmuş ebegümeci yaprağı
- 4 dilim taze zencefil kökü

TALİMATLAR:

a) İlk mayalamayı yapın ve kavanozu 24-48 saat ılık bir yerde bırakın.
b) Zencefili doğrayın ve ebegümeciyle birlikte döner kapaklı şişenize koyun.
c) İlk fermente su kefirini ekleyin.
d) Döner kapaklı şişeyi kapatın ve ikinci mayalama için 24 saat ılık bir yerde bırakın.
e) Yavaşça açın, süzün ve tadını çıkarın!

68. Lavanta-Yaban Mersini Kefiri

İÇİNDEKİLER:
1 bardak kefir
1/2 bardak taze yaban mersini
1 çay kaşığı kurutulmuş lavanta tomurcukları
1 çay kaşığı bal (isteğe bağlı)

TALİMATLAR:
Bir karıştırıcıda kefir, yaban mersini, kurutulmuş lavanta tomurcukları ve balı (istenirse) birleştirin.

Pürüzsüz ve iyice birleşene kadar karıştırın.

Karışımı bir bardağa dökün ve soğuk olarak servis yapın.

OTLU KEFİR

69. Isırgan Yaprağı Su Kefiri

İÇİNDEKİLER:

- 1 kısım Su kefiri
- 1 kısım ısırgan otu yaprağı infüzyonu

TALİMATLAR:

a) Su kefiri yapın ve kefir tanelerini çıkarın.
b) 1 kısım bitmiş su kefirini 1 kısım bitkisel infüzyonla karıştırın.

70. Buzlu Nane Kefir

İÇİNDEKİLER:

- 4 su bardağı ilk fermente su kefiri
- ¼ fincan gevşek yapraklı nane çayı
- ½ su bardağı kaynamış su

TALİMATLAR:

a) İlk mayalamayı yapın ve kavanozu ılık bir yerde 24-48 saat bekletin.

b) Çayı yarım bardak kaynamış suya demleyin ve oda sıcaklığına gelene kadar soğumaya bırakın.

c) Tahılları süzün ve ilk fermente su kefirini ekleyin.

d) Çayı soğutulmuş sudan süzün ve döner kapaklı bir şişeye dökün.

e) Daha sonra ilk fermente su kefirini dökün

f) Döner kapaklı şişeyi kapatın ve ikinci mayalama için 24 saat ılık bir yerde bırakın.

g) İyice soğuyuncaya kadar buzdolabında bekletin.

h) Yavaşça açın, süzün ve tadını çıkarın!

71. Biberiye Kekik Kefir

İÇİNDEKİLER:

- 4 su bardağı ilk mayalama
- 1 limon taze sıkılmış
- 4 adet kurutulmuş zencefil
- 1 yemek kaşığı taze biberiye
- 1 büyük dal kekik
- 4 adet tatlı cicely tohum kabuğu

TALİMATLAR:

a) İlk mayalamayı yapın ve kavanozu 24-48 saat ılık bir yerde bırakın.

b) Tahılları süzün ve ilk fermente su kefirinin bulunduğu döner kapaklı şişeye tüm malzemeleri ekleyin.

c) Döner kapaklı şişeyi kapatın ve ikinci mayalama için 24 saat ılık bir yerde bırakın.

d) Yavaşça açın, süzün ve tadını çıkarın!

72. Fesleğen Greyfurt Kefiri

İÇİNDEKİLER:

- 1½ su bardağı greyfurt suyu
- 2½ bardak filtrelenmiş veya damıtılmış su
- ⅓ su bardağı şeker
- 7 büyük fesleğen yaprağı, karışık
- ¼ bardak su kefir kültürü
- 1 çay kaşığı sitrik asit

TALİMATLAR:

a) Greyfurt suyunu bir kavanoza koyun ve fesleğen ve şekeri ekleyin.
b) Şekeri çözmek için kuvvetlice çalkalayın. Fesleğen aromasını emmesi için 1-2 saat bekletin.
c) Su kefir kültürünü bir şişeleme hunisi kullanarak açılır kapanır şişeye ekleyin.
d) Daha sonra fesleğeni greyfurttan süzün ve suyunu kapaklı şişeye ekleyin.
e) Son olarak, şişenin ağzının yaklaşık 2 inç altına ulaşacak kadar su ekleyin.
f) Mühürleyin ve oda sıcaklığında yaklaşık 36-48 saat veya bariz karbonatlaşma belirtileri ortaya çıkana kadar bekletin.
g) Daha sonra bir gece boyunca buzdolabına aktarın. Artık içmeye hazır!

73. Dereotu-Salatalık Kefir

İÇİNDEKİLER:
- 1 bardak kefir
- 1/4 bardak salatalık, rendelenmiş
- 2 yemek kaşığı taze dereotu, doğranmış
- Tatmak için biber ve tuz

TALİMATLAR:

a) Bir kapta kefir, rendelenmiş salatalık, taze dereotu, tuz ve karabiberi birleştirin.
b) Lezzetlerin birleşmesi için iyice karıştırın.
c) Soğutulmuş hizmet.

74. Fesleğen-Limon Kefir

İÇİNDEKİLER:

- 1 bardak kefir
- 2 yemek kaşığı taze fesleğen yaprağı, doğranmış
- 1 limon kabuğu rendesi ve
- Tatmak için tuz

TALİMATLAR:

a) Bir kapta kefir, taze fesleğen yaprağı, limon kabuğu rendesi ve tuzu birleştirin.
b) Lezzetleri aşılamak için iyice karıştırın.
c) Soğutulmuş hizmet.

75. Biberiye-Sarımsak Kefir

İÇİNDEKİLER:
- 1 bardak kefir
- 1 yemek kaşığı taze biberiye yaprağı, doğranmış
- 1 diş sarımsak, kıyılmış
- Tatmak için biber ve tuz

TALİMATLAR:

a) Bir kapta kefir, taze biberiye yaprağı, kıyılmış sarımsak, tuz ve karabiberi birleştirin.
b) Tatların birbirine karışmasını sağlamak için iyice karıştırın.
c) Soğutulmuş hizmet.

76. Frenk Soğanı Kefiri

İÇİNDEKİLER:
- 1 bardak kefir
- 2 yemek kaşığı taze frenk soğanı, doğranmış
- 1 yemek kaşığı yeşil soğan, doğranmış
- Tatmak için biber ve tuz

TALİMATLAR:
a) Bir kapta kefir, taze frenk soğanı, yeşil soğan, tuz ve karabiberi birleştirin.
b) Bitkileri eşit şekilde dağıtmak için iyice karıştırın.
c) Soğutulmuş hizmet.

77. Maydanoz-Limon Kefiri

İÇİNDEKİLER:
- 1 bardak kefir
- 2 yemek kaşığı taze maydanoz, doğranmış
- 1 misket limonunun suyu
- Tatmak için biber ve tuz

TALİMATLAR:
a) Bir kapta kefir, taze maydanoz, limon suyu, tuz ve karabiberi birleştirin.
b) Lezzetleri aşılamak için iyice karıştırın.
c) Soğutulmuş hizmet.

78. Kekik-Limonlu Kefir

İÇİNDEKİLER:

1 bardak kefir
1 yemek kaşığı taze kekik yaprağı
1 limon kabuğu rendesi ve
Tatmak için biber ve tuz

TALİMATLAR:

Bir kapta kefir, taze kekik yaprakları, limon kabuğu rendesi, tuz ve karabiberi birleştirin.

Lezzetlerin birleşmesi için iyice karıştırın.

Soğutulmuş hizmet.

79. Nane-Limon Kefiri

İÇİNDEKİLER:

1 bardak kefir
2 yemek kaşığı taze nane yaprağı, doğranmış
1 misket limonunun suyu
Tatmak için biber ve tuz

TALİMATLAR:

Bir kapta kefir, taze nane yaprakları, limon suyu, tuz ve karabiberi birleştirin.

Lezzetleri aşılamak için iyice karıştırın.

Soğutulmuş hizmet.

80. Kişniş-Jalapeno Kefir

İÇİNDEKİLER:

1 bardak kefir
2 yemek kaşığı taze kişniş, doğranmış
1/2 jalapeno biberi, çekirdekleri çıkarılmış ve kıyılmış
Tatmak için biber ve tuz

TALİMATLAR:

Bir kapta kefir, taze kişniş, kıyılmış jalapeno biberi, tuz ve karabiberi birleştirin.

Otları ve baharatları eşit şekilde dağıtmak için iyice karıştırın.

Soğutulmuş hizmet.

81. Adaçayı-Biberiye Kefiri

İÇİNDEKİLER:

1 bardak kefir
1 yemek kaşığı taze adaçayı yaprağı, doğranmış
1 yemek kaşığı taze biberiye yaprağı, doğranmış
Tatmak için biber ve tuz

TALİMATLAR:

Bir kapta kefir, taze adaçayı yaprağı, taze biberiye yaprağı, tuz ve karabiberi birleştirin.

Lezzetlerin birleşmesi için iyice karıştırın.

Soğutulmuş hizmet.

82. Tarhun-Fesleğen Kefiri

İÇİNDEKİLER:
- 1 bardak kefir
- 1 yemek kaşığı taze tarhun yaprağı, doğranmış
- 1 yemek kaşığı taze fesleğen yaprağı, doğranmış
- Tatmak için biber ve tuz

TALİMATLAR:
a) Bir kapta kefir, taze tarhun yaprağı, taze fesleğen yaprağı, tuz ve karabiberi birleştirin.
b) Lezzetleri aşılamak için iyice karıştırın.
c) Soğutulmuş hizmet.

CEVİZLİ KEFİR

83. Badem Ezmesi-Muz Kefir

İÇİNDEKİLER:
- 1 bardak kefir
- 2 yemek kaşığı badem ezmesi
- 1 olgun muz
- 1 çay kaşığı bal (isteğe bağlı)

TALİMATLAR:
a) Bir karıştırıcıda kefir, badem ezmesi, muz ve balı (istenirse) birleştirin.
b) Pürüzsüz ve kremsi olana kadar karıştırın.
c) Bir bardağa dökün ve soğuk olarak servis yapın.

84. Fıstık Ezmesi-Çikolata Kefir

İÇİNDEKİLER:
- 1 bardak kefir
- 2 yemek kaşığı fıstık ezmesi
- 1 yemek kaşığı kakao tozu
- 1 çay kaşığı bal (isteğe bağlı)

TALİMATLAR:
a) Bir karıştırıcıda kefir, fıstık ezmesi, kakao tozu ve balı (istenirse) birleştirin.
b) İyice birleşene kadar karıştırın.
c) Bir bardağa dökün ve soğuk olarak servis yapın.

85. Fındık-Kahve Kefir

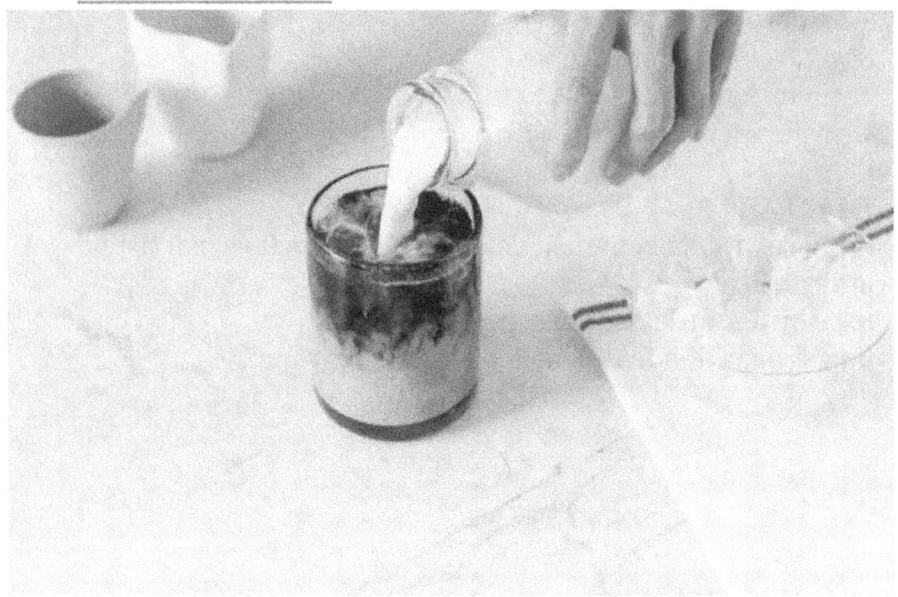

İÇİNDEKİLER:
- 1 bardak kefir
- 1 yemek kaşığı fındık ezmesi (örneğin Nutella)
- 1 çay kaşığı hazır kahve granülü
- 1 çay kaşığı bal (isteğe bağlı)

TALİMATLAR:
a) Bir karıştırıcıda kefir, fındık ezmesi, hazır kahve granülleri ve balı (istenirse) birleştirin.
b) Pürüzsüz ve kremsi olana kadar karıştırın.
c) Bir bardağa dökün ve soğuk olarak servis yapın.

86. Kaju-Vanilyalı Kefir

İÇİNDEKİLER:
- 1 bardak kefir
- 2 yemek kaşığı kaju yağı
- 1/2 çay kaşığı vanilya özü
- 1 çay kaşığı akçaağaç şurubu (isteğe bağlı)

TALİMATLAR:
a) Bir karıştırıcıda kefir, kaju yağı, vanilya özü ve akçaağaç şurubunu (istenirse) birleştirin.
b) İyice birleşene kadar karıştırın.
c) Bir bardağa dökün ve soğuk olarak servis yapın.

87. Ceviz-Muzlu Ekmek Kefiri

İÇİNDEKİLER:
- 1 bardak kefir
- 2 yemek kaşığı dövülmüş ceviz
- 1 olgun muz
- 1/4 çay kaşığı öğütülmüş tarçın
- 1 çay kaşığı bal (isteğe bağlı)

TALİMATLAR:
a) Bir karıştırıcıda kefir, ezilmiş ceviz, muz, tarçın ve balı (istenirse) birleştirin.
b) Pürüzsüz ve kremsi olana kadar karıştırın.
c) Bir bardağa dökün ve soğuk olarak servis yapın.

88. Fıstıklı-Kakuleli Kefir

İÇİNDEKİLER:
- 1 bardak kefir
- 2 yemek kaşığı dövülmüş antep fıstığı
- 1/4 çay kaşığı öğütülmüş kakule
- 1 çay kaşığı bal (isteğe bağlı)

TALİMATLAR:
a) Bir karıştırıcıda kefir, ezilmiş antep fıstığı, öğütülmüş kakule ve balı (istenirse) birleştirin.
b) İyice birleşene kadar karıştırın.
c) Bir bardağa dökün ve soğuk olarak servis yapın.

89. Hindistan Cevizli-Bademli Kefir

İÇİNDEKİLER:
- 1 bardak kefir
- 2 yemek kaşığı kıyılmış hindistan cevizi
- 2 yemek kaşığı badem unu
- 1 çay kaşığı bal (isteğe bağlı)

TALİMATLAR:
a) Bir karıştırıcıda kefir, kıyılmış hindistan cevizi, badem unu ve balı (istenirse) birleştirin.
b) Pürüzsüz ve kremsi olana kadar karıştırın.
c) Bir bardağa dökün ve soğuk olarak servis yapın.

90. Macadamia-Berry Kefiri

İÇİNDEKİLER:
- 1 bardak kefir
- 2 yemek kaşığı ezilmiş macadamia fıstığı
- 1/2 bardak karışık meyveler (örneğin çilek, yaban mersini, ahududu)
- 1 çay kaşığı bal (isteğe bağlı)

TALİMATLAR:
a) Bir karıştırıcıda kefir, ezilmiş macadamia fıstığı, karışık meyveler ve balı (istenirse) birleştirin.
b) İyice birleşene kadar karıştırın.
c) Bir bardağa dökün ve soğuk olarak servis yapın.

91. Cevizli-Kabak Baharatlı Kefir

İÇİNDEKİLER:
- 1 bardak kefir
- 2 yemek kaşığı dövülmüş ceviz
- 2 yemek kaşığı kabak püresi
- 1/4 çay kaşığı kabak baharat karışımı
- 1 çay kaşığı akçaağaç şurubu (isteğe bağlı)

TALİMATLAR:
a) Bir karıştırıcıda kefir, ezilmiş ceviz, kabak püresi, kabak baharatı karışımı ve akçaağaç şurubunu (istenirse) birleştirin.
b) Pürüzsüz ve kremsi olana kadar karıştırın.
c) Bir bardağa dökün ve soğuk olarak servis yapın.

92. Susam-Zencefilli Kefir

İÇİNDEKİLER:
- 1 bardak kefir
- 2 yemek kaşığı kavrulmuş susam
- 1 çay kaşığı rendelenmiş zencefil
- 1 çay kaşığı bal (isteğe bağlı)

TALİMATLAR:
a) Bir karıştırıcıda kefir, kavrulmuş susam, rendelenmiş zencefil ve balı (istenirse) birleştirin.
b) İyice birleşene kadar karıştırın.
c) Bir bardağa dökün ve soğuk olarak servis yapın.

KEFİR KOKTEYLİ

93. Rum Elma Zencefil Kefir Kokteyli

İÇİNDEKİLER:

- 1 su bardağı Elma Zencefilli su kefiri
- 1 ons baharatlı rom
- 3 ince dilim turta yeşil elma
- 1 tarçın çubuğu
- 3 adet. şekerlenmiş zencefil

TALİMATLAR:

a) Romu bir bardağa dökün
b) Elmalı zencefilli su kefirini ekleyin
c) 3 dilim yeşil elma ekleyin
d) 2 adet. şekerlenmiş zencefil
e) Tarçın çubuğuyla karıştırın ve bardağın içinde bırakın
f) Bardağın kenarına şekerlenmiş zencefil garnitürü ekleyin

94. Hindistan Cevizli Tekila Kefir Kokteyli

İÇİNDEKİLER:

- 1 ons hindistan cevizi tekilası
- ⅛ çay kaşığı spirulina tozu
- Hindistan cevizi suyu kefiri
- Rendelenmiş Hindistan cevizi

TALİMATLAR:

a) Bir kokteyl bardağında ⅛ çay kaşığı spirulina tozunu hindistan cevizi tekilasıyla eritin.

b) Damak zevkinize göre buz küpleri ekleyin ve üstüne su kefiri ekleyin.

c) Yavaşça karıştırın ve hindistancevizi talaşı serpin.

d) Derhal servis yapın.

95. Nane Çikolatalı Kefir Kokteyli

İÇİNDEKİLER:
- Beyaz çikolata
- Nane Suyu Kefiri
- 1 ons vanilya votkası
- Süslemek için 1 adet ezilmiş şeker kamışı

TALİMATLAR:
a) Ezilmiş şekerleri küçük bir tabağa yerleştirin.
b) Soğutulmuş martini bardağının dış kenarını suyla ıslatın.
c) Bardağı sapından tutarak, şekerle kaplamak için kenarını döndürün.
d) Bardağa Beyaz Çikolatalı Nane Suyu Kefiri ve votkayı ekleyin.

96. Kefir Cin Kokteyli

İÇİNDEKİLER:

- 2 ons cin
- ½ oz taze Meyer limonu veya normal limon suyu
- 2 yemek kaşığı sade şekersiz hindistan cevizi kefiri
- 1 yemek kaşığı ince şeker
- 4 damla portakal çiçeği suyu
- 3 oz soğutulmuş karbonatlı doğal kaynak suyu
- Buz küpleri
- İnce dilimlenmiş limon ve portakal kabuğu, garnitür

TALİMATLAR:

a) Cin, limon suyu, kefir, şeker ve portakal çiçeği suyunu birkaç buz küpüyle birlikte büyük bir kokteyl çalkalayıcıya koyun.

b) Kefirden biraz köpük çıkana, her şey iyice soğuyana ve şeker tamamen eriyene kadar 20 saniye kuvvetlice çalkalayın.

c) Kapağı dikkatli bir şekilde çıkarın.

d) Taze buzlu bir bardağa süzün ve üzerine soğutulmuş karbonatlı doğal kaynak suyu ekleyin.

e) Süsleyip servis yapın.

97. Mojito Kefir Kokteyli

İÇİNDEKİLER:

- ½ sıkılmış limon ve garnitür için ekstra dilim
- 1 çay kaşığı organik şeker kamışı
- 1 shot Kefir
- 10-20 taze nane yaprağı
- Tamamlamak için maden suyu veya soda suyu
- Buz küpleri

TALİMATLAR:

a) Nanenizi yıkayıp hazırlayın ve kuruması için biraz bekleyin. Bir bardakta taze nane yapraklarını, limon suyunu ve şekeri karıştırın.

b) Karışımı, şeker çoğunlukla eriyene kadar karıştırın.

c) Bardağa buz küpleri ve bir veya iki shot Orijinal Kefir ekleyin. Karıştırın.

d) Soğutulmuş soda suyunu doldurun ve üzerine bir dilim limon veya taze nane yaprağı olabilecek bir garnitür ekleyin.

98. Kiraz Çiçeği Kokteyli

İÇİNDEKİLER:

- 1 oz Kiraz Kefiri
- 1½ oz beyaz rom
- 1½ oz tart vişne suyu
- 0½ oz narenciye Likörü
- 7 damla Ravent Acı

TALİMATLAR:

a) Tüm malzemeleri buzlu kokteyl çalkalayıcıya ekleyin ve soğuyuncaya kadar çalkalayın.

b) Soğutulmuş bir kupa bardağına süzün ve kiraz çiçekleri ile süsleyin.

99. Yuzu, Ube ve Kefir Kokteyli

İÇİNDEKİLER:
- 1 ¼ ons yıllanmış rom
- ½ ons burbon
- ¼ ons şeri
- ¼ ons muz likörü
- ¾ ons yuzu suyu
- ¾ ons ube şurubu
- 1 ½ ons kefir

TALİMATLAR:

a) İlk beş malzemeyi bir kapta birleştirin.

b) Kefiri ocakta veya mikrodalgada ısıtın.

c) Kaynamaya bırakın ancak kaynatmayın. Kaynatma kefirin kesilmesine neden olur, bu da iyidir.

d) Sıcak kefiri kokteylin bulunduğu kaba ekleyin ve en az 30 dakika bekletin.

e) Kokteyli bir kahve filtresinden süzün; filtrelenen kokteyl sarımsı bir renk tonuyla berrak olmalıdır.

f) Daha berrak bir içecek için aynı filtreyi kullanarak lorların içinden tekrar süzün.

g) Ube şurubu ekleyin ve karıştırmak için karıştırın.

h) Servis yapmak için, kokteyli büyük bir buz küpünün üzerine buzlu bir bardağa dökün ve soğuyana kadar karıştırın.

100. Fesleğen Jalapeno Kefir Kokteyli

İÇİNDEKİLER:

- Taze fesleğen serpin
- 2-6 dilim taze jalapeno
- 2 ons ananas suyu
- 2 oz. zencefil suyu kefiri
- 1½ ons İrlanda viskisi
- Martini karıştırıcı
- buz

TALİMATLAR:

a) Ananas suyunu, zencefilli su kefirini ve isteğe bağlı viskiyi bir çalkalayıcıda buzla birleştirin ve birleştirmek için yuvarlayın veya hafifçe sallayın.

b) Jalapenos ve fesleğenleri bir bardağa birkaç küp koyun ve bardağa dökün.

c) Servis yapın ve tadını çıkarın!

ÇÖZÜM

Kefir, sağlıklı bir iç vücut ortamı oluşturmak için ihtiyaç duyduğumuz yararlı bakteriler olan bizim için daha iyi olan probiyotikleri elde etmenin canlandırıcı ve lezzetli bir yoludur. Kültürlü içeceklerdeki dost bakteriler sağlıklı bir sindirim sistemi ve kolon oluşturarak yiyeceklerimizi parçalayıp sindirmemize ve daha fazla besin maddesini emmemize yardımcı olur. Ayrıca vücudumuzdaki toksinlerin atılmasına, içten dışa doğru detoksifikasyona yardımcı olurlar. Kefirin antitümör özellikleri vardır, antiinflamatuardır ve bağışıklık sistemini güçlendirir. Kefirin kolesterol düzeylerini düşürdüğü biliniyor; kalp ve arter hastalığına yardım; kan basıncını düzenler; sindirime yardım; karaciğeri, böbrekleri, dalağı, pankreası, safra kesesini ve mide ülserlerini iyileştirir.

www.ingramcontent.com/pod-product-compliance
Lightning Source LLC
LaVergne TN
LVHW021710060526
838200LV00050B/2596